3 SECRETOS PARA CAMBIAR TU VIDA

DAHLIA QUINONEZ

ISBN 979-8-869-05549-1

DEDICATORIA

Quiero dedicar este libro a todas las personas que me apoyaron y me encomiaron a escribir mi libro Awaken Despertar y a las que obtengan este libro que se van a beneficiar bastante. Este cuaderno de trabajo está basado en mi libro Awaken Despertar, es breve, pero conciso y solo con leer unas cuantas páginas puede ayudarte a cambiar tu vida, un día a la vez, al cambiar tus pensamientos negativos por positivos. Gracias

CONTENIDO

AGRADECIMIENTOS

Estoy agradecida con Dios que me ha dado la vida y el deseo de querer ayudar a otras personas. Le agradezco por todas las experiencias vividas hasta ahora, ya que debido a ellas soy la persona que ahora soy.

INTRODUCCIÓN

Soy Dahlia Quinonez y soy Autora del libro Awaken Despertar y Coach de Metas de Éxito. Quiero felicitarte por qué has tomado el primer paso para poder cambiar tu vida. Este cuaderno de trabajo te va a ayudar a hacer un trabajo de introspección para poder cambiar tu vida desde ya. Por medio de preguntas guiadoras podrás descubrir cuál es la causa de tus pensamientos negativos y lo que te detiene para poder progresar. Te invito a que te tomes el tiempo para poder contestar todas las preguntas que estén en el cuaderno y meditar en ellas. Ya que eso te va a ayudar a cambiar.

Todo lo que hemos aprendido durante nuestra vida nos ha moldeado y nos ha hecho las personas que ahora somos, pero desafortunadamente hemos aprendido conductas nocivas y pensamientos negativos. Pero la buena noticia es que, así como lo aprendimos lo podemos desaprender.

Espero que esta guía te pueda ayudar a cambiar tu manera de pensar y así puedas desarrollar todo tu potencial. Sin pensamientos negativos podemos ver oportunidades donde antes solo mirábamos obstáculos. Así que sin miedo al éxito y el cielo es el límite.

Sígueme en mis redes sociales como @AwakenDespertarBook.

CAPÍTULO 1

¿ESTÁS CANSADO DE SER TÚ MISMO?

¿Estás cansado de ser tú mismo? Alguna vez te has preguntado, ¿por qué las cosas siempre te salen mal? ¿Por qué no puedes vivir la vida que siempre has querido? ¿Por qué no estás contento? ¿Por qué no puedes tener una pareja estable o porque tus parejas siempre te abandonan? Si vives haciéndote estas preguntas, no eres el único muchas personas se hacen esas preguntas todos los días. ¿Te gustaría cambiar tu vida y tu destino de una vez y para siempre?

Yo en el año 2020 comienzo mi sanación emocional. En este año me doy cuenta de que algo estaba mal en mi personalidad. Antes de la pandemia le pido a Dios que me cambie y entonces durante la pandemia empiezo a encontrar la información que necesitaba para superar mis traumas emocionales. Esto me lleva a escribir mi libro Awaken o Despertar. Y este cuaderno de trabajo autoguiado está basado en ese libro que te invito a que leas para poder beneficiarte más. Pero en este libro te comparto tres secretos que si los pones en práctica te pueden ayudar a cambiar tu vida desde ya. Este libro te ayudará mediante hacer un trabajo de introspección para que tú mismo encuentres las respuestas que estás buscando.

Si estás listo para cambiar tu vida, este libro te va a ayudar. Espero que puedas llevar a la práctica los secretos que te voy a compartir porque es la única manera en la que podrás cambiar tu vida. Pensaras que porque son pasos muy sencillos no funcionaran, pero no es así. Todos nuestros malos hábitos y pensamientos negativos fueron aprendidos así que lo que vamos a hacer es desaprender lo que aprendimos. Y no te desesperes, el cambio toma tiempo, no es de la noche a la mañana.

Con perseverancia podrás lograr cambiar tu vida de una vez por todas para mejor. Ya disté el paso más importante que fue tomar la decisión de cambiar y después de leer este libro, así que lo demás te será más fácil. Te hablaré un poco de psicología, pero déjame decirte que yo no soy psicóloga, yo soy Coach de Metas de Éxito y yo solo te hablo de lo que yo aprendí, puse en práctica en mi vida y me ayudo a cambiar.

Antes de pasar al próximo capítulo hagamos un ejercicio de meditación para incentivarte a hacer los cambios necesarios en tu vida para mejorarla.

Escribe aquí tres cosas o hábitos que quieras cambiar en tu vida (salud, bajar de peso, hacer ejercicio, comer sano, tu relación de pareja, etc.):

1.______________________________________

2.______________________________________

3.______________________________________

Ahora te vas a visualizar a ti mismo como que ya cumpliste tu meta y te vas a mirar como estarías de aquí a cinco años con los cambios que ya hiciste. Por ejemplo, te vas a visualizar ya más delgado, comiendo sano, sin diabetes, con un cuerpo más fit, estás más feliz en tu relación de pareja o lo que sea que era tu meta; porque ahora ya eres una persona positiva.

¿Cómo te sientes? ¿Cómo se siente haber cambiado?

____

____

Después te vas a visualizar de aquí a unos años haciendo lo mismo que has hecho hasta ahora, sin hacer esos cambios. ¿Cómo vas a estar de aquí a cinco años si no haces los cambios que te gustaría hacer?

¿Cómo te sientes? ¿Qué sientes por no haber hecho los cambios que querías hacer?

Espero que este ejercicio te haya ayudado a reflexionar. Si prefieres, puedes ir a mi canal de YouTube a @Awakendespertarbook y buscar el video de la visualización y hacer el ejercicio desde allí. Así que ahora veamos el primer secreto para cambiar tu vida en el segundo capítulo.

CAPÍTULO 2
SECRETO #1 CONSCIENCIA

El secreto número uno es estar consciente de que algo está mal contigo o con tu personalidad. Según el Consejo Nacional de la Salud Mental 70% de los adultos han experimentado un evento traumático en los Estados Unidos. En algunos casos esto lleva a desarrollar cambios en su personalidad llamados "trastorno de la personalidad". Encontrarás las descripciones de estos en mi libro Awaken Despertar. Más adelante vamos a ver algunos rasgos, que en mi opinión exhiben las personas con trastornos de la personalidad. Pero hay algo que le llaman "la gran mentira" que es pensar que los momentos traumáticos que pasamos en nuestra niñez no nos afectan en nuestra vida adulta. Pero lo mejor que puedes hacer es en vez de negártelo, tómalo en cuenta y de esa manera vas a poder cambiar tus pensamientos y tu vida.

Entonces el primer paso sería estar consciente de que tienes un problema, porque si no aceptas que tienes un problema nunca lo vas a poder cambiar. Las personas que tienen una adicción, por ejemplo, al alcohol, si no reconocen que son adictos nunca van a poder dejar esa adicción.

Simplemente el estar consciente te ayudará tremendamente. Es como, por ejemplo, una persona que está enferma y no le encuentran cuál es su enfermedad. La persona se siente muy angustiada, pero una vez que su doctor le dice la enfermedad que tiene, una diabetes, por ejemplo, ya la persona se siente más relajada y puede averiguar que medicamento puede tomar. Pero si no sabe que enfermedad tiene, ¿cómo es que la va a tratar? Muy difícilmente se va a curar si es que la enfermedad no ha sido descubierta. Tan solo hacer consciencia nos ayuda a buscar información que nos ayude a mitigar los efectos de la enfermedad. En este caso hablamos de problemas psicológicos y emocionales que no son menos importantes que los físicos.

Para poder admitir o estar consciente de que hay algo mal en nosotros se requiere mucha humildad. No es fácil admitirlo porque muchas veces nuestro ego no nos deja, nadie quiere que le digan que está mal. Pero es el primer paso que se tiene que dar para poder cambiar. El hacerle caso a tu ego solo te detendrá de hacer cambios en tu vida y llegar a la madurez. Alguna vez has visto a personas mayores actuando como niños. Pues es porque nunca alcanzaron la madurez. Debido a su miedo al cambio nunca pudieron madurar como personas. La mayoría de las personas le tienen miedo al cambio. Estamos tan acostumbrados a lo familiar en nuestras vidas que nos aferramos a ello, aunque no seamos felices. En el secreto bono te explico cómo es que puedes romper con el ciclo del cambio.

Pero antes aquí te dejo unas preguntas para que puedas reflexionar como es que lo que viviste ha impactado tu vida.

Recuerda un momento de tu vida del que te arrepientas
de no haber hecho o dicho algo que te iba a ayudar.

¿Qué fue y como te afecto? ¿Cómo te sientes por no haberlo hecho?

____

____

____

____

¿Qué crees que paso en tu niñez o en tu vida que te impidió hacerlo?
Ejemplo: Mi mamá me decía que no podía. Mi papá me decía que era un tonto. Mi maestro me decía que era un ignorante.

____

____

____

____

____

¿Qué creencias o mensajes negativos te dices a ti mismo basado en eso, inconsciente o conscientemente? Ejemplo: No puedo, no soy capaz, soy un inútil, todo me sale mal, etc.

____

____

____

____

Puedes repetir este ejercicio con diferentes situaciones para poder encontrar cuál es la creencia limitante que más te repites. Ahora veamos el secreto número dos.

CAPÍTULO 3
SECRETO #2 APRENDER

Tienes que aprender todo acerca de tu problema. Si no sabes de qué se trata no vas a poder cambiarlo. No puedes cambiar algo que no sabes cómo se llama. Y dice un dicho que "No hay atajos para el éxito". Todas las cosas que queremos lograr en la vida conllevan un esfuerzo. Si quieres comprar una casa o un carro, por ejemplo, conlleva trabajar y ahorrar para poder comprarlo. Lo mismo pasa con nuestra persona, si realmente quieres cambiar y llevar una vida mejor física y emocional tienes que aprender y actuar en conformidad con lo que aprendes.

Si tú no eres feliz, no obtienes los resultados que quieres, tus parejas te abandonan, no tienes el trabajo que quisieras tener, quizás esos resultados que estás teniendo hasta ahora sean el resultado de tus traumas. Todos sabemos que la manera en que vivimos nuestra infancia nos afecta en nuestra vida adulta, pero no le damos la importancia que merece, lo minimizamos es como dije al principio "la gran mentira". Pero la realidad es que si, todo lo que nos pasó hizo mella en nuestra personalidad y sobre todo los momentos traumáticos que pasamos.

Pero, ¿qué es un trauma? De acuerdo con la Asociación Americana de Psicología, un trauma es una respuesta emocional a un evento terrible como un accidente, una violación o un desastre natural. Inmediatamente después del evento, la conmoción y la negación son típicas. Las reacciones a largo plazo incluyen emociones impredecibles, revivencia, relaciones tensas e incluso síntomas físicos como dolores de cabeza o náuseas.

Medita y piensa en ¿cuáles de estos traumas pasaste tu? ¿Sabías que algo simple puede ser un trauma? Por ejemplo, si algún día tus padres no te recogieron de la escuela a tiempo, te sentiste abandonado, o quizás se fueron de vacaciones sin ti y te dejaron encargado con la abuela, entonces te sentiste rechazado y así puede haber miles de cosas que te pasaron que te traumaron.

Muchas de las veces los traumas hacen que desarrollemos un cambio en nuestra personalidad. Como te mencione antes se llaman "trastornos de la personalidad". Hay varios trastornos de la personalidad; te doy la descripción de cada uno de ellos en mi libro y también te doy la descripción de los traumas conocidos.

Hay algunos rasgos que exhiben algunas personas que se llaman "Distorsiones Cognitivas" o pensamientos irracionales. En mi opinión las personas con trastornos de la personalidad exhiben estos rasgos. Veremos algunos en el siguiente capitulo. A lo mejor vas a ver a alguien que conoces reflejado en ellos o quizás te mires a ti mismo.

CAPÍTULO 4
DISTORSIONES COGNITIVAS

A mi punto de vista muchas de las personas que tienen trastornos de la personalidad exhiben estos rasgos llamados *Distorsiones Cognitivas* o pensamientos irracionales extremos. Estos fueron descubiertos por el Dr. Aaron T. Beck, que es el fundador de la Terapia Cognitiva. Hay 17 distorsiones cognitivas y en mi libro Awaken Despertar esta la descripción de todas ellas.

Aquí solo te voy a mostrar algunas como ejemplo. Pon mucha atención para que puedas identificar alguna con la tú te sientas identificado o quizás identifiques a alguien que tú conozcas. Sin más preámbulo veamos cuáles son:

Pensamiento dicotómico: Es enfocarse en los extremos. Es todo o nada o es blanco o es negro: negro o malo.

La persona con esta clase de pensamiento puede pensar: "las personas son buenas o malas" o "su vida es un éxito o un fracaso". No puede pensar en término medio o una gama de posibilidades.

Maximizar/Minimizar: Significa que algunas cosas son más - o menos - importantes de lo que realmente
son.

La persona con este rasgo pudiera decir: "Mi amigo va a tarde a la reunión. ¿Qué tal y tuvo un accidente?", o "no me tengo que poner el cinturón de seguridad cuando manejo".

En el caso de la magnificación está pensando algo muy grave como que al amigo ya le paso algo malo. Y en caso de la minimización, quizá como ya ha manejado por mucho tiempo y no ha chocado, piense que ya no es necesario ponerse el cinturón. Pero sabemos que eso es algo muy importante, incluso de vida o muerte.

Leer la mente: La persona cree saber lo que piensan los demás sin tener pruebas de ello y usualmente es algo negativo.

Esta persona pudiera decir "no aceptó mi invitación a la fiesta porque no le caigo bien." Está asumiendo que alguien no acepto su invitación porque no le cae bien cuando quizás solo sea que la otra persona ya tiene planes.

Error del adivino: La persona cree saber lo que pasara. Cree predecir el futuro, pero de manera negativa.

La persona pudiera pensar "una vez que sepan del error que cometió en la junta, la van a correr." Está prediciendo el futuro de esa persona y usualmente es algo negativo. Pero quizá a esa persona su jefe solo le dé un consejo de cómo hacer las cosas y nada más, pero esa persona ya está prediciendo que la van a correr.

Deberías: Significa que todo el mundo y la misma persona "debería" o tiene que actuar de cierta manera. Son demandas irrazonables que crea la persona para ella misma y para los demás.

Algunas de estas personas piensan: "deberías estar casado y con hijos para cuando tengas 30 años" o quizá le puedan decir a alguien "una buena hermana siempre tiene que ayudar a sus hermanos."

Entonces para ellos todas las personas que tienen 30 años ya tienen que estar casados y con hijos y si no es así ya te estás saliendo de la norma que ellos han puesto para ellos y para los demás. Cuando imponen ese tipo de pensamiento a otras personas, las hacen sentir mal y se sienten como fracasados cuando en realidad pudieran sentirse felices con su situación.

En el segundo caso, la persona piensa que está dando un buen consejo al decirle a alguien que es su responsabilidad ayudar a sus hermanos. Cuando sabemos que la responsabilidad de cuidar de los hijos es de los padres. No se puede poner esa carga a alguien más. Se puede ayudar a alguien, pero no tener toda la responsabilidad. Esa es una demanda irrazonable que hacer sufrir a la persona a la que se le impone.

Descalificación de lo positivo: Se descalifica los logros positivos de una persona y se le atribuyen a la suerte o la chanza.

Alguien con esta creencia pudiera decir "esa persona tuvo éxito, pero solo fue por suerte" o "saqué un diez solo porque el examen estaba fácil."

Estas personas les quitan el mérito a la persona que tuvo éxito. Porque quizás se preparó, fue a la escuela, hizo sacrificios para poder tener éxito, pero para la otra persona solo fue la suerte lo que le ayudo. Descalifican todo el esfuerzo que la persona hizo para tener éxito. O quizás se descalifican ellos mismos. En el ejemplo del examen, quizás la persona estudio mucho, pero ella misma se descalifica diciendo que paso el examen porque estaba fácil.

Ahora escribe aquí cuál de estos rasgos te identificaste tú o identificaste a alguien más:

____

____

____

____

____

____

____

____

____

____

____

Puede que esos comportamientos sean parte de un trastorno de personalidad. Te recomiendo que leas la descripción de cada uno de ellos para ver si te identificas con uno de ellos.

Ahora que sabes esto, sé consciente y date cuenta cada vez que pienses de esta manera para que puedas cambiar ese pensamiento negativo o irracional. Entre más practiques esto más rápido vas a poder cambiar tu personalidad. Ahora pasemos al secreto número tres.

CAPÍTULO 5
SECRETO #3 PRACTICA

El secreto número tres y el más importante es la practica o practicar lo que has aprendido. Pon en práctica lo que aprendes y con el tiempo vas a ver los resultados. Pero ¿cómo lo pones en práctica? Mediante tres pasos.

Pasos:

1. Sé consciente de tus actos. Identifica tu comportamiento.

2. Corrígete a ti mismo. Cada vez que estés actuando de la manera que ya sabes que no debes actuar, corrígete a ti mismo.

3. Usa estas palabras que recomienda el Dr. Joe Dispenza en su libro *"Deja de ser Tu"*. Di en tu mente o en voz alta *"cambia"*.

Este cambio no viene de la noche a la mañana, hay que practicar lo que aprendemos. Sabias que Albert Einstein define *locura* como "hacer lo mismo una y otra vez, esperando obtener resultados diferentes".

Muchas personas se dicen al comienzo del año "este año si me va a ir bien", "pienso que este año me va a ir mejor que el año pasado". Pero siguen haciendo las mismas cosas que hicieron el año anterior, y esperan diferentes resultados. Para que algo cambie hay que cambiar algo. No podemos esperar resultados diferentes si no hemos hecho algo diferente.

Hay que formar un hábito de lo que vamos a hacer para cambiar. Formar un hábito usualmente toma 21 días. Así que practica esto por 21 días y verás que vas a ir cambiando tu personalidad por una más positiva. Cada vez que estés pensando de manera negativa, dite "cambia". Tienes que hacerlo por 21 días y si durante los 21 se te olvida, otra vez tienes que empezar de nuevo los 21 días hasta que formes un hábito de ello. Una vez que hayas dejado esas formas de pensar, pues ya no lo tienes que practicar, ya lo harás de manera automática. Puedes usar este método para cualquier cosa que quieras hacer un hábito, por ejemplo, para hacer ejercicio.

De esta manera irás atrayendo a personas igual que tú a tu vida, personas positivas y cosas buenas irán llegando a tu vida. Ahora podrás ver la vida desde un ángulo diferente. En vez de obstáculos podrás ver oportunidades por todos lados.

Toma en cuenta la ley de Pareto o regla 80/20 en tu vida. La ley de Pareto es un principio que establece que el 20% del esfuerzo destinado a una tarea genera un 80% de los resultados (economipidea.com). La regla establece que aproximadamente el 80% de los resultados provienen del 20% de las acciones que tomamos. Quiere decir que al cambiar nuestra mentalidad un 20% cambiaremos nuestra vida drásticamente.

También te ayudará ponerte metas. Cuando pones tus metas por escrito, es más probable que las cumplas.

Puedes escribir aquí las metas o lo que quieres hacer para cambiar tu vida. Escribe aquí mínimo 30 de ellas.

____

____

____

____

____

CAPÍTULO 6
EL CAMBIO

El cambio toma tiempo, pero no te desesperes. Sigue practicando y buscando diferentes maneras para sanarte emocionalmente.

Puedes aplicar el principio de Pareto para cambiar tu vida. Utiliza el 20% de tu tiempo para dedicarte al estudio y a tu formación y eso te ayudará tremendamente.

Lee, haz cursos, asiste a seminarios, haz cualquier cosa que pienses que te va a ayudar a cambiar. Y nunca escatimes en tu persona, si haces eso, inconscientemente te estás diciendo que no vales, por eso es que no has podido comprar eso que siempre has querido comprar.

Trabaja en tu persona para reforzar tu amor propio; eso te ayudará mucho a cambiar. También la humildad te ayudará para poder admitir que hay algo que cambiar en tu personalidad y de esa manera podrás cambiar lo que está mal.

Para que sigas expandiendo tu transformación te recomiendo que leas mi libro Awaken o Despertar donde comparto contigo todo lo que yo hice para cambiar mi vida, la información, los seminarios y los libros leí para que tú también puedas cambiar la tuya. Todas las cosas que yo hice y que comparto contigo en mi libro, están comprobadas, que sí sirven, porque yo ya las probé y si funcionan.

Yo soy Coach de Metas de Éxito y te puedo ayudar a cambiar, puedo ir de la mano contigo para que hagas los cambios necesarios con el taller "Cambia Tus Pensamientos: Cambia Tu Vida". Mediante este taller te ayudo a cambiar tu vida para mejor mediante actividadesdivertidas y ejercicios de introspección.

Sigue practicando lo que te dije y no te desanimes, es muy fácil volver a los viejos hábitos, pero tú puedes, ¡si se puede! En el capítulo siguiente te dejo un secreto extra que te va a ayudar.

CAPÍTULO 7
SECRETO BONO: CICLO DEL CAMBIO

Te quiero hablar acerca del *Ciclo del Cambio*. Muchas veces nos encontramos en el ciclo del cambio. Pero, ¿Qué es el ciclo del cambio? Aquí te explico.

En este ciclo pasan varias cosas: 1) No estás contento. Estás muy descontento en un área de tu vida y te quedas allí porque es tu zona de confort y te da miedo el cambio. 2) Estás en un momento crucial. Tu nivel de descontento ha llegado a un punto donde ya no puedes más. Puede que hayas llegado a un punto de agotamiento o hubo un evento que desencadeno el momento crucial. 3) Tomás, la decisión de cambiar tu situación. Decides que estás listo para cambiar y decides que ya no vas a tolerar la situación no deseada, te sientes empoderado. Tomás, el paso para cambiar. 4) Entra el miedo. Después de tomar la decisión te da miedo. Te sientes incómodo y ansioso con la idea del cambio. Dudas del cambio y te sientes indefenso y vacío. 5) Te da amnesia. El miedo al cambio te hace que tu situación ya no se vea tan mala. Se te olvida lo que no te gustaba para empezar. Prefieres quedarte como estabas. 6) Retrocedes. Te regresas a lo mismo de antes. Tú mismo te desanimas para cambiar y te quedas como estabas.

Pero después vuelves a lo mismo de antes en el ciclo del cambio; a estar infeliz con la situación en donde estás. Se vuelve a repetir el ciclo.. Estar dentro de este ciclo desencadena dos cosas: uno el *dolor extremo* y dos la *honestidad radical* o auto honestidad.

¿Qué es el dolor extremo? Es la situación que se desencadena con el *momento crucial*. Durante este momento te pueden pasar muchas cosas, por ejemplo, la perdida de trabajo, perdida de un ser querido, un accidente y cosas así. Si te resistes al cambio, estas situaciones se volverán cada vez más dolorosas.

¿Qué pasa durante la auto honestidad? Te das cuenta de que hay una parte de ti que realmente no quiere cambiar. Tienes mucho miedo al cambio. Tienes muchas creencias limitantes. Ya te hiciste adicto a la situación o formaste un *vínculo traumático* (puedes ver en mi libro Awaken Despertar la descripción del vínculo traumático o puedes buscar la definición). Ahora vez que en la situación en la que vives obtienes muchos beneficios, aunque no eres feliz, te conviene vivir así. Eres infeliz porque tú quieres ser infeliz. Puedes ver tu resistencia a dejar ir todo eso. Solo después de reflexionar y ser honesto contigo mismo, vas a poder decidir qué hacer.

Medita y reflexiona sobre esta información. Eso te va a ayudar a quebrar el ciclo del cambio. A continuación, hagamos un ejercicio de introspección.

¿Ya identificaste el ciclo del cambio en tu vida? ¿Sientes que estás listo para cambiar? ¿Estás listo para cambiar tu vida de una vez y para siempre?

Si tú estás ahora o has pasado por el ciclo del cambio, este ejercicio te ayudará mucho.

Lee de nuevo los seis pasos del ciclo del cambio, reflexiona y pregúntate:

¿Del 1 al 6 en dónde estoy yo en el ciclo del cambio?

____

____

____

____

____

¿Cuál de los dos desencadenantes creo que me puede ayudar? ¿El dolor extremo o la honestidad radical?

____

____

____

____

Llega un momento en nuestras vidas en que la única opción es el cambio y nada más. ¿En dónde sientes que estas tú?

____

____

____

____

____

____

Toma una decisión y decide que quieres hacer. Puedes quedarte en donde estas y no hacer cambios. En tu "zona de confort" en donde realmente no estás a gusto y no cambiar.

Lo que yo te puedo decir es que siempre trates de actuar en congruencia en todos los aspectos de tu vida. Que todo lo que digas y hagas sea congruente con lo que crees. Ejemplo, tú no eres feliz en tu trabajo, pero te quedas porque no tienes de otra, ¿será que realmente no tienes de otra o te quedas allí por miedo al cambio?, no eres feliz con tu pareja, pero no dices nada, te quedas callado, en vez de hablar y poner las cosas en orden, en la escuela tienes que actuar de cierta manera para que te acepten tus compañeros, pero realmente tú no eres así, tú tienes otros principios. Cuando no actuamos en congruencia con lo que creemos, no somos felices.

Aparta tiempo todos los días para reflexionar y así empezar a cambiar tu vida paso a paso. Algo que te puede ayudar es hacer lo que le llaman "línea de la vida". Puedes hacer este ejercicio tú mismo o también yo te puedo ayudar. También te recomiendo que hagas las meditaciones sanadoras que se encuentran en mi canal de YouTube.

Espero que este cuaderno de trabajo te haya ayudado y si es así compártelo con otras personas para que también se puedan beneficiar.

Te deseo lo mejor en tu travesía hacia una personalidad más positiva y una vida más feliz. Si tienes preguntas me puedes contactar mediante mis redes sociales que te dejo en el apéndice o me puedes mandar un eamil a awakendespertarbook@gmail.com.

ACERCA DE LA AUTORA

Dahlia Quiñonez es originaria de México y ha vivido en el sur de California la mayor parte de su vida. Le encanta viajar, hacer ejercicio y ama la naturaleza. Ha sido dueña de varios negocios desde el año 2012. Es fundadora de la *Agencia de Viajes Dalia*, la cual la lleva a escribir el libro "Cómo Ser Agente de Viajes".

Estudió Administración de Empresas en la División de Educación Continua de la Universidad de California Irvine y Contabilidad y Finanzas en el colegio Santa Ana Collage.

Es una filántropa que ha sido voluntaria en varias organizaciones sin fines de lucro, éstas ayudan a mujeres y a pequeños negocios. Ha servido como Directora de Relaciones Comunitarias en ALPFA (Association of Latino Professionals for America), una organización sin fines de lucro que ayuda a empoderar y desarrollar a hombres y mujeres latinos como líderes de carácter para la nación, en todos los sectores de la comunidad global.

Actualmente es Embajadora Comunitaria en la organización sin fines de lucro Orange County SCORE que es un brazo del SBA, la Agencia Federal de Pequeños negocios de Estados Unidos, que ofrece asesoría y capacitación para negocios gratuita y de bajo costo, ofrece numerosos recursos y herramientas para ayudar a comenzar o crecer un negocio. También ha servido de voluntaria en WHW (Women Helping Women), una organización sin fines de lucro que proporciona a los desempleados y subempleados las habilidades y los recursos que necesitan para conseguir y mantener un buen empleo.

Puedes conectar con Dahlia en www.awakendespertar.com o en sus redes sociales, en Instagram como @awakendespertarbook.

Sígueme en mis otros emprendimientos:

www.daliastravel.com

www.dahliarealtor.com

www.youtube.com/awakendespertarbook

www.tiktok.com/awakenbook

wwww.instagram.com/awakendespertarbook

www.facebook.com/dahlia.quinonez

www.facebook.com/dahliaqrealtor

www.linkedin.com/dahliaquinonez

www.facebook.com/dqmedicareinsuranceagent

Libros que te recomiendo que leas:
Los Seis Pilares de la Autoestima. Nathaniel Branden
Deja de ser Tú. Dr. Joe Dispenza
¡Disfrute de la vida para siempre! Watch Tower Bible and Tract Society
of Pennsylvania. www.jw.org.

No te olvides de dejarme una reseña o critica en la plataforma donde compraste este cuaderno de trabajo. Ayudará mucho para que más personas puedan beneficiarse.

Referencias

Página 8. Libro Awaken Despertar. Dahlia Quinonez
Página 15. Descripción de Trauma por la Asociación Americana de Psicología.
Página 16. Distorsiones Cognitivas descubiertas por el Dr. Aaron T. Beck.
Página 20. Libro *Deja de ser Tu*. Joe Dispenza. Dicho de Albert Einstein.
Página 21. Ley de Pareto. Inventada por el Ingeniero Vilfredo Federico Pareto (1848-1943).

www.ingramcontent.com/pod-product-compliance
Lightning Source LLC
Chambersburg PA
CBHW021849130726
47988CB00009B/3478